by HEINI GRUFFUDD, M.A.
and ELWYN IOAN

Argraffiad cyntaf: Mehefin 1975
Ail argraffiad (diwygiedig): Chwefror 1979
Trydydd argraffiad: Awst 1980
Pedwerydd argraffiad: Mai 1983
Pumed argraffiad: Mehefin 1985

Argraffwyd a chyhoeddwyd yng Nghymru
gan Y Lolfa, Talybont, Ceredigion SY24 5ER; ffôn (097086) 304.
Printed & published in Wales by Y Lolfa at above address.

How to use this book

1 The first four lessons are revision lessons, using knowledge gained in *Welsh is Fun.* You can use them in the following ways:

* Try describing the picture yourself; make up as many sentences as you can (never mind how simple), using as many words as you know.

* Read the conversations aloud.

* Translate the conversations into English (correct translations are given on page 84).

* Translate these translations back into Welsh!

* Once again, make up sentences describing the pictures, and make up conversations of your own. If possible, do this with another learner.

2 The next sixteen lessons introduce new knowledge, but include many words you already know from *Welsh is Fun.* Go through these lessons thoroughly, mastering each one before progressing. You may follow these suggestions:

* Read all the conversations aloud.

* Study the notes underneath; re-read trying to understand each sentence, comparing with English translation.

* Covering English translation, re-read, again trying to understand.

* Covering the Welsh and English conversation, make up your own conversation, no matter how similar or dissimilar to the one in the book.

* Describe the pictures; make up as many sentences as possible about them using new vocabulary.

* Do the exercises at the end of each lesson. Answers are given on pages 86 & 87, so you can do them from English back into Welsh as well.

3 In case of difficulty when trying out your Welsh, say:
Siaradwch yn fwy araf. Rydw i'n dysgu Cymraeg.
Pronounced: Sharadwch uhn vwi arav. Ruhdw i'n duhski Kuhmraig.

4 Use your Welsh whenever you can. All Welsh speakers will only be too glad to help.

5 There were two "vocabularies" at the back of *Welsh is Fun*, and the Welsh–English one is reproduced here. These, however, are not adequate for general use so why not buy a small Welsh dictionary –available at most bookshops?

6 Ask the bookshop for a list of Welsh books for learners, or write to Y Cyngor Llyfrau Cymraeg, Sgwâr brenhines, Aberystwyth, Dyfed.

7 If you live in a town in Wales, join a Welsh society: *Merched y Wawr* (for women); *Urdd Gobaith Cymru* (for youth); *Plaid Cymru* (for all Welshmen and women, the political party whose aim is an independent Welsh state), head office: 51 Heol yr Eglwys Gadeiriol, Caerdydd; *Cymdeithas yr Iaith Gymraeg* (political language movement), head office: 5 Maes Albert, Aberystwyth, Dyfed. There are also Welsh adult education classes and *Ulpanim* (intensive crash courses), and all kinds of Welsh cultural and religious organizations. Your local library should have a list of all the addresses you need.

8 Look at as many Welsh programmes on TV as you can (if you can stand them –masochism not required!) and listen to the radio. BBC and Swansea Sound and HTV now put out 6–7 hours daily. You may not understand it all at first but it will accustom you to the sound of the language.

9 *Welsh is Fun* has probably started off more people learning Welsh than any other book. Why not buy one for a friend –it's the ideal start! (End of ad.)

Pronunciation

Every letter in Welsh is pronounced – there are no silent letters as in English. Most letters have only one basic sound, which makes pronunciation simple, but you will notice that all vowels can be long or short. The accent on Welsh words is, with few exceptions, on the last but one syllable. Here is the Welsh alphabet with the equivalent English sounds:

A – as in "h*a*rd" or "h*a*m"
B – b
C – k
CH – as in "Ba*ch*" (the composer)
D – d
DD – as "th" in "*th*em"
E – as in "s*a*ne" or "s*e*lf"
When it immediately follows "a", the sound is "ee"
F – v
FF – ff
G – as in "*g*arden"
NG – as in "lo*ng*"
H – as in "*h*at" (never silent)
I – as in "t*ea*" or "t*i*n"
J – j
L – l
LL – as in "*Ll*ane*ll*i". This sound does not occur in English. Place the tongue on the roof of the mouth near the teeth, as if to pronounce "l", then blow voicelessly.
M – m
N – n
O – as in "*o*re" or "p*o*nd"
P – p
PH – ff
R – r
RH – rh
S – s (as in "*s*ong"; never as in "a*s*")
T – t

TH	—	as in "clo*th*"
U	—	roughly like Welsh "i"
W	—	as in "b*oo*n"
		or "*coo*k"
Y	—	as in "*tea*"
		or "t*i*n"
		or "r*u*n"

In the first few lessons, the pronunciation is put in brackets).

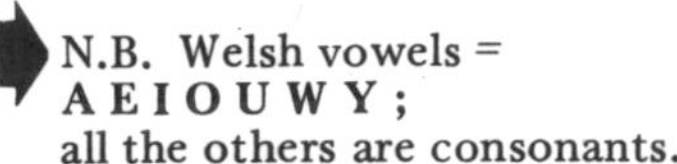

N.B. Welsh vowels =
A E I O U W Y ;
all the others are consonants.

Contents

page

For ANSWERS and TRANSLATIONS see page 84.

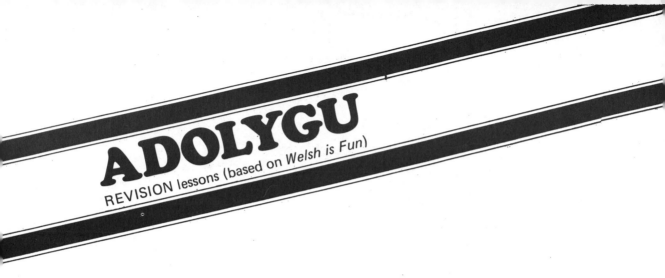

3
2
1
CLOC
STONDIN
BAPURAU
Paper Stall
W. H. SMUG
BWYD
ABERTAWE
DYNION
MERCHED
TRENAU'N
YMADAEL
9.30–Llundain
10.15–Caerdydd
10.45–Llanelli
3.30–Caerfyrddin.

ADOLYGU 1

YR ORSAF (The Station)

SGWRS UN (Conversation 1)

Ydy'r trên yn yr orsaf?
Ydy, mae e ar blatfform un.
Pryd mae'r trên yn mynd, cariad?
Mae e'n mynd am hanner awr wedi tri.
Ble mae eich gŵr?
Mae e ar y trên.

SGWRS DAU (Conversation 2)

Helo, bore da, oes copi o *Parade* 'da chi, os gwelwch yn dda?
Na, does dim *Parade* 'da ni. Ond mae *Lol* yma.
Da iawn. Beth ydy pris *Lol*?
Tri deg ceiniog, os gwelwch yn dda.
Mae bronnau mawr ar y fenyw! Ha. Ha. Dyma bum deg ceiniog.
Diolch. Ugain ceiniog o newid. Hwyl fawr!

SGWRS TRI (Conversation 3)

Porter! Ydy'r trên yn mynd i Lanelli?
Na, dydy e ddim! Mae e'n mynd trwy Gaerdydd.
Oes trên yn yr orsaf yn mynd i Lanelli?
Oes, mae e'n cyrraedd nawr ar blatfform tri. Ond mae e'n gadael am chwarter i ddeuddeg bore yfory.
O diawl! Diolch porter.

Is/Are Is?/Are? Is there?/Is the?

Mae	*hi*	*ar y trên*
	e	*yn mynd ar y trên*
	bag	
	'r bag	
	bagiau	
	'r bagiau	

Oes bag ar y trên? Na, does dim bag ar y trên.
Ydy e/'r bag/Huw/hi ar y trên?
Na, dydy e/'r bag/Huw/hi ddim ar y tren.

ATEBWCH–ANSWER

1. Beth ydy'r amser?
2. Oes trên ar blatfform un?
3. Oes dyn yn prynu *Lol*?
4. Ydy hi'n braf?
5. Ydy'r porter yn gweithio?
6. Pryd mae'r trên yn mynd i Gaerdydd?
7. Ble mae'r trên ar blatfform un yn mynd?
8. Ble mae'r siop bapurau?

NENFWD
GOLAU
FFENESTR
YSTAFELL YMOLCHI
YSTAFELL WELY
CWPWRDD
CALENDR
MERCH
MERCH
LLENNI
OERGELL
BADDON
TAD
MAM
CWPAN
JWG
BISGEDI
SOSER
SIWGWR
FFWRN
STÔL
CARPED AR Y LLAWR
CATH
CI
LLAETH
LLEW

ADOLYGU 2

YN Y TŶ (In the House)

SGWRS UN

Ydych chi'n codi, Gwyn?
Ydw, rydw i'n ymolchi.
Rydych chi'n hwyr. Rydyn ni'n mynd am naw, cofiwch.
Dim ots. Dydw i ddim wedi eillio eto.
Ydy brecwast yn barod?
Ydy, mae e ar y bwrdd.

SGWRS DAU

Gwen! Ydych chi'n dod i gael brecwast?
Ydw! Rydw i'n gwisgo nawr. Ble mae fy sgert, mam?
Mae e yn y cwpwrdd. Oes trôns gyda chi?
Oes, a bronglwm. Oes wy i frecwast?
Oes, wy wedi berwi.

SGWRS TRI

Dafydd, beth ydych chi'n moyn i frecwast?
Rydw i'n moyn wy, tost a marmalêd.
Ydych chi'n moyn cwpaned o de?
Na, dydw i ddim. Rydw i'n moyn yfed llaeth.
Diawl! Mae'r tost yn llosgi.
Uffern! Mae'r ci'n bwyta'r tost, Siân yn y bath, a ni ddim yn barod i fynd!

Note
The form *'yn moyn'* is colloquial in S. Wales. *Rydw i eisiau...* is the 'official' way of saying 'I want'.

I am/You are/Are you?/We are/Are we?/They are/Are they? / ...not..

Rydw i'n	*dod*
Rydych chi'n	*bwyta*
Rydyn ni'n	*barod*
Maen nhw'n	

Ydw i'n?	*Ydw/Ydych*	*Na*
Ydych chi'n?	*Ydw/Ydyn*	
Ydyn nhw'n?	*Ydyn*	

Dydw i ddim	*yn dod*
Dydych chi ddim	*wrth y bwrdd*
Dydyn ni ddim	*yn barod*
Dydyn nhw ddim	

N.B.
Rwy'n or *Wi'n* are also common forms of *Rydw i'n.*

ATEBWCH–ANSWER

1. Ydych chi'n hoffi codi yn y bore?
2. Ydych chi'n bwyta wy i frecwast?
3. Ydych chi'n yfed llaeth mewn te?
4. Ydych chi'n cael bath cyn brecwast?
5. Ydych chi'n hoffi tost a marmalêd?
6. Ble mae Sian?
7. Beth mae Gwen yn gwneud?
8. Ydyn nhw'n barod i fynd?

CWMWL
LLONG
HAUL
Hufen Iq
CWCH HWYLIO
NOFIO (swimming)
5c. – PUM CEINIOG
6c. – CHWE CHEINIOG
10c. – DEG CEINIOG
CRANC
RADIO
TYWOD
RHAW
CWRW
CASTELL TYWOD
CERRIG MAWR (Boulders)
BOLHEULO (Sunbathing)
CERRIG MÂN (Pebbles)

ADOLYGU 3

AR LAN Y MÔR (At the Sea-side)

SGWRS UN

Mae hi'n boeth.
Ydy. Mae bronnau mawr uffernol 'da hi.
Na, y ffŵl —mae'r *tywydd* yn boeth.
O ie, wrth gwrs, ydy, yn boeth iawn. Ydych chi eisiau hufen ia?
Ydw, rydw i eisiau pedwar, os gwelwch yn dda. Faint ydy un?
Chwe cheiniog. Dyna ddau ddeg pedwar ceiniog...diolch.

SGWRS DAU

Mae'r castell yn fawr.
Ydy. Rydw i'n hoffi adeiladu castell tywod.
Ydych chi wedi nofio?
Na, ond rydw i wedi mynd yn y cwch.
Ydy Huw wedi prynu hufen ia?
Ydy. Mae e wedi cael pedwar.

SGWRS TRI

Ydych chi wedi gwisgo?
Ydw, rydw i'n gwisgo bicini.
Ydych chi wedi gweld y dyn a'r castell tywod?
Ydw. Dydy e ddim wedi edrych arnon ni.
Mae'r dyn yn fawr ac yn gryf.

has/have:

WEDI instead of YN

Rydw i wedi	*Dydw i ddim wedi*	
Mae e	*Dydy e ddim wedi*	
Mae hi	*etc.*	
Rydyn ni		
Rydych chi	*Ydw i wedi?*	
Maen nhw	*Ydy e wedi?*	*etc.*

Adjectives—Soft Mutation after 'yn'

poeth—mae'r tywydd yn boeth
gwlyb—mae'r dŵr yn wlyb
mawr—mae'r dyn yn fawr
bach—mae'r bicini yn fach

(c-g; p-b; t-d; g--; b-f; d-dd; ll-l; m-f; rh-r)

ATEBWCH

1. Ydych chi wedi gweld merch mewn bicini?
2. Ydych chi wedi nofio yn y môr?
3. Ydy'r dyn wedi prynu hufen ia?
4. Ydy'r tad wedi adeiladu castell?
5. Ydy'r tywydd yn oer?
6. Ble mae'r dyn yn nofio?
7. Ydy'r merched yn bert?
8. Ydyn nhw'n gorwedd yn y gwesty?

MODURDY LLANERC
TEIARS
YSGRIFENYDDES
Secretary
PERCHENNOG
Owner
GWEITHIWR
Worker
PETROL
£1.50c.
y galwyn
CWSMER
Customer
OLEW
OLWYN
Wheel
GOLAU
Light

ADOLYGU 4

Y GAREJ / Y MODURDY (The Garage)

SGWRS UN

Oedd y car yn iawn?
Na, doedd e ddim. Roedd y brêc wedi torri.
Oedd y gêr yn iawn?
Oedd, wrth lwc.
Oeddech chi'n gweithio ar y car bore 'ma?
Oeddwn, roeddwn i'n gweithio'n galed iawn.

SGWRS DAU

Ydy'r car yn barod?
Na, bydd e ddim yn barod heddiw.
Bydd e'n barod yfory?
Bydd. Byddwch chi'n dod yma yfory?
Bydda, bydda i'n ffonio am naw o'r gloch.

SGWRS TRI

Rydw i'n moyn talu, os gwelwch yn dda.
Diolch. Dyma'r bil.
Jiw! Mae e'n ddrud uffernol. Tri deg punt! Ga i dalu 'da siec?
Oes cerdyn banc 'da chi?
Na, mae'n flin 'da fi.
Dim ots. Bydd y car yn mynd yn iawn nawr.

<u>*Was/were*</u>

Roeddwn i *'n (yn)*
Roedd e
Roedd hi
Roedden ni
Roeddech chi
Roedden nhw

<u>Questions</u>:	*Yes*	*No*
Oeddwn i?	*Oeddwn*	*Na*
Oedd e?	*Oedd*	
Oedd hi? etc.	*etc.*	

Doeddwn i ddim yn
Doedd e ddim yn
Doedd hi ddim yn
Doedden ni ddim yn
Doeddech chi ddim yn
Doedden nhw ddim yn

Doedd Huw ddim yn

NOTE:
Doedd dim bag ar y bwrdd
*Doedd **y** bag ddim ar y bwrdd*

<u>*Will/will not*</u>

Bydda i
Bydd e
Bydd hi
Byddwn ni
Byddwch chi
Byddan nhw

Questions: add '?'
Yes: bydda, bydd etc.
No: Na

Bydda i ddim yn
Bydd e ddim yn, etc.

ATEBWCH:

1. Oedd y car yn iawn?
2. Oeddech chi'n gweithio bore ma?
3. Oeddech chi yn y gwaith ddoe?
4. Oedd y bil yn ddrud?
5. Bydd y car yn barod yfory?
6. Byddwch chi'n mynd i'r gwaith yfory?
7. Byddwch chi'n mynd i'r gwely heno?
8. Oes cerdyn banc 'da chi?

*Now begin FUNTASTIC Welsh...

Y GWERSI

The Lessons

N.B.
Go through the pictures (1-8) first;
then go back to study the grammar and vocabulary
& finally do the "Say and Translate" exercise.
Master one lesson before going on to the next.

GWERS UN: Mynd Mâs (Going Out)

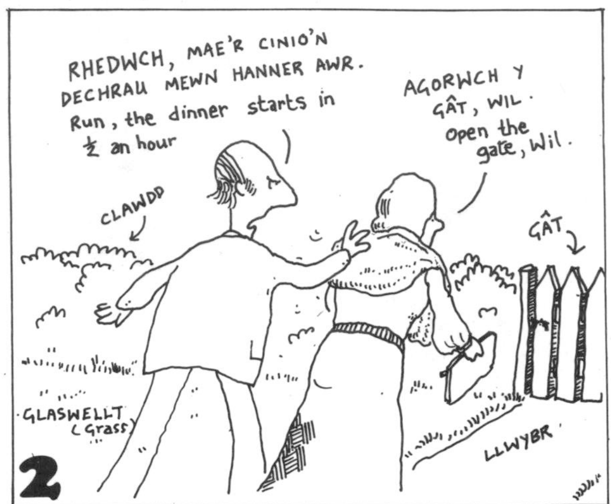

COMMANDS

1. Always end in *–wch.*
2. Add *–wch* to the verb: eistedd – eistedd*wch;* or to a verb without its ending, if the ending is *-o, -i, -u, -ed:* codi – cod*wch.*
3. NOTE irregular verbs: mynd – *ewch;* dod – *dewch;* cael – *cewch;* gwneud – *gwnewch.*

dewch–come
brysiwch–hurry up
ewch–go
rhedwch–run
agorwch–open
gyrrwch–drive
byddwch–be
tynnwch–take off, pull
yfwch–drink
bwytwch–eat
eisteddwch–sit
sychwch–dry, wipe
edrychwch–look
darllenwch–read
dewch â–bring (come with)
ewch â–take (go with)

ALTERNATIVE
for relations, friends, dogs, cats:
Generally, instead of *–wch*, add *–a*; e.g., eistedd – eistedd*a*. Some of these will be seen later in the book.

(See page 83)

GEIRFA (Vocabulary)

hwyr—late
o'r gorau—all right (*literally*, of the best)
sgert—skirt
glas—blue
cinio—dinner
dechrau—start
gât—gate
cyflym—fast, quick
tawel—quiet
eich—your
gyntaf—first
gwin—wine

** Remember that the correct answers to the "Say & Translate" exercises are on pages 86 & 87.*

SAY & TRANSLATE

1. Rhedwch, rydyn ni'n hwyr.

2. Gyrrwch yn araf *(slowly).*

3. Agorwch y drws.

4. Dewch i mewn.

5. Tynnwch eich cot.

6. Ewch chi gyntaf.

7. Eisteddwch wrth y bwrdd.

8. Bwytwch y bwyd i gyd *(all).*

9. Dewch â'r papur.

GWERS DAU: **Prynu Dillad** (Buying Clothes)

BORE SADWRN
Saturday morning
RYDW I EISIAU BRONGLWM, BLOWS, SGERT A SANAU NEWYDD I FYND I'R BRIODAS.
I want a new bra, blouse, skirt and stockings to go to the wedding.
PEIDIWCH A GWARIO GORMOD.
Don't spend too much.
GWELY
CLUSTOG
1

SIOP DDILLAD GWILYM
HANNER AWR
EGLWYS
PEIDIWCH A BOD YN HIR - MAE RHAID SYMUD Y CAR MEWN HANNER AWR.
Don't be long - the car must be moved in half an hour.
GWERTHIANT
Sale
O'R GORAU
All right
LLE AROS
Parking Place
2

DON'T...
Peidiwch â

Don't go – *Peidiwch â mynd.*

Before vowels (a,e,i,o,u,w,y) – *Peidiwch ag*
Don't look – *Peidiwch ag edrych.*

c, p, t change to *ch, ph, th* after *â* (Spirant Mutation). So
Don't get up – *Peidiwch â chodi.*

ALTERNATIVE
for relations, dogs etc.:
Use *paid* instead of *peidiwch*, e.g.:
Don't go – *Paid â mynd.*

(See also page 83)

GEIRFA

sanau—socks, stockings
priodas—wedding
gwerthiant—sale
gormod—too much
gwario—to spend
symud—to move
awr—hour
poeni—to worry
traffig/trafnidiaeth—traffic
cas—nasty
siwtio—to suit
ofnadwy—awful
rhad—cheap
bargen—bargain
gadael—to leave
hyn—this
dirwy—fine
llys—court
ynad—magistrate

SAY & TRANSLATE:

1. Peidiwch â bod yn hir.

___

2. Peidiwch â mynd i siopa.

___

3. Peidiwch ag edrych ar y teledu.

___

4. Paid â sefyll wrth y drws.

___

5. Peidiwch â phoeni..

___

6. Peidiwch â gwario gormod.

___

7. Peidiwch â gwisgo dillad hen.

___

GWERS TRI: **Y Newyddion** (The News)

PAST TENSE –SHORT FORM

–equivalent to forms such as *went*, *came*, *saw*, *ran*, etc.

Usually, *–odd* is added to the verb (see Gwers Un, note 2), except for:
daeth (came)
gwnaeth (made, did)
aeth (went).

3
AETH TŶ AR DÂN YN Y BALA HEDDIW
A house went on fire in Bala today.
DAETH Y FRIGAD DÂN.
The fire brigade came.
LLOSGODD Y TŶ I'R LLAWR. TŶ GWYLIAU OEDD E.
The house burnt to the ground. It was a holiday home.
Home from home
POBL LEOL
Local people

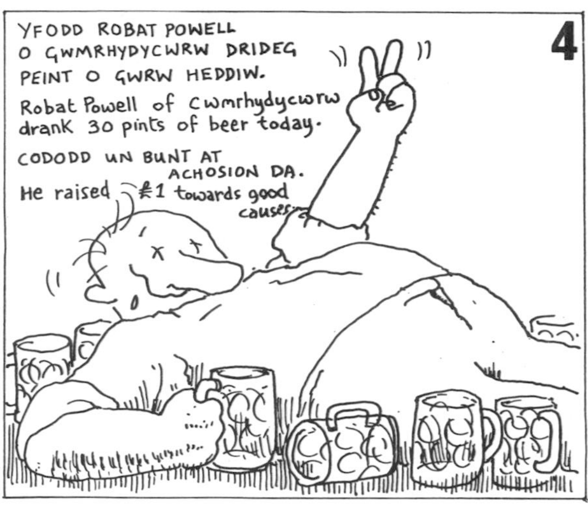

4
YFODD ROBAT POWELL O GWMRHYDYCWRW DRIDEG PEINT O GWRW HEDDIW.
Robat Powell of Cwmrhydycwrw drank 30 pints of beer today.
CODODD UN BUNT AT ACHOSION DA.
He raised £1 towards good causes.

And at last, the REGULAR ones:

siaradodd—spoke
llosgodd—burnt
yfodd—drank
cododd—got up, rose
cysgodd—slept
rhedodd—ran
gwelodd—saw
edrychodd—looked

IRREGULAR:

cafodd—had, obtained
gadawodd—left
dywedodd—said
enillodd—won

These can all be followed by *e* (he), *hi* (she) *or* a name or a noun, e.g., *rhedodd e; rhedodd hi; rhedodd Huw; rhedodd y bachgen; rhedodd y plant.*

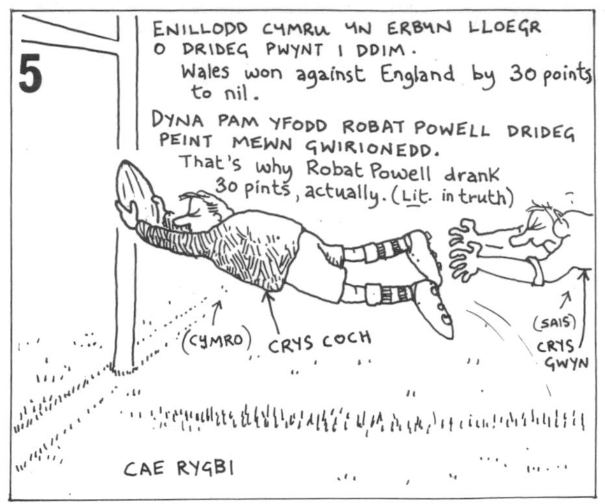

5
ENILLODD CYMRU YN ERBYN LLOEGR O DRIDEG PWYNT I DDIM.
Wales won against England by 30 points to nil.
DYNA PAM YFODD ROBAT POWELL DRIDEG PEINT MEWN GWIRIONEDD.
That's why Robat Powell drank 30 pints, actually. (Lit. in truth)
(CYMRO)
CRYS COCH
(SAIS)
CRYS GWYN
CAE RYGBI

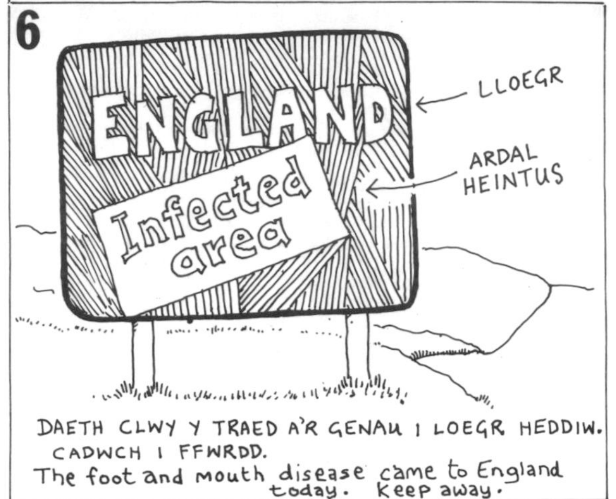

6
ENGLAND
Infected area
LLOEGR
ARDAL HEINTUS
DAETH CLWY Y TRAED A'R GENAU I LOEGR HEDDIW.
CADWCH I FFWRDD.
The foot and mouth disease came to England today. Keep away.

GEIRFA

Cymru–Wales
Lloegr–England
glowr/glowyr–miner/s
de–south
gogledd–north
ar streic–on strike
nôl–back *or* fetch
ar dân–on fire
tŷ gwyliau–holiday house
achos da–good cause
clwy y traed a'r genau–foot and mouth disease
cwmni–company
diwethaf–last
rhagolygon–forecast

7
BP
CRACH (snob)
GWNAETH CWMNI OLEW B.P. ELW O BEDWARDEG MILIWN Y MIS DIWETHAF.
B.P. Oil company made a profit of £40,000,000 last month.

A DYMA RAGOLYGON Y TYWYDD.
And here is the weather forecast.
BYDD HI'N BWRW GLAW BOB DYDD AM FIS.
It will be raining every day for a month.
8
CYSGU sleeping
GWYDR GWAG Empty glass

SAY & TRANSLATE / DYWEDWCH A CHYFIEITHWCH

1. Aeth glowyr ar streic.

2. Aeth tŷ ar dân.

3. Daeth y frigâd dân.

4. Enillodd Cymru'r gêm eleni *(this year).*

5. Enillodd Lloegr llynedd *(last year).*

6. Rhedodd Huw i'r gwaith.

7. Cysgodd y dyn yn hwyr.

GWERS PEDWAR: **Noson Goffi** (Coffee Evening)

PAST TENSE again!

Note the following endings, again added to the verb:

-es i – I *(did, ran etc.)*
-odd e – he...
-odd hi – she...
-on ni – we...
-och chi – you...
-on nhw – they...

e.g., *Rhedon nhw* – they ran; *rhedes i* – I ran. (Sometimes *fe* is put before these, with soft mutation –but no change in meaning.)

QUESTIONS
–exactly the same as above, but with SOFT MUTATION; e.g..

3
ES I I SIOPA, MYN UFFERN I, — CERDDON NI TRWY'R DYDD !
I went to shop, [shopping], hell, - we walked through [all] the day.

4
GAWSOCH CHI GANU DA YN Y GEM ?
Did you have good singing in the game?
SEIDIR O'R GASGEN (Draught cider)
SYCHU'R GWYDRAU Drying the glasses
DO - CANON NI'N FENDIGEDIG.
Yes - we sang magnificently

Redes i? – Did I run?
But the Soft Mutation is not all that important– more important is to ask it like a question.

Yes (to all questions, past tense, short form)– DO
No (to all questions, past tense, short form)– NADDO

GEIRFA

i gyd–all
trwy'r dydd–all day
ychydig–a little
adre–home(wards)
yr holl ffordd–all the way
nesa–next
dim byd–nothing
yn ôl–ago

Note similarities between **mynd, dod** *and* **gwneud.**

IRREGULAR!

MYND
es i–I went
aeth e–he went
aeth hi–she went
aethon ni–we went
aethoch chi–you went
aethon nhw–they went

DOD
des i–I came
daeth e–he came
daeth hi–she came
daethon ni–we came
daethoch chi–you came
daethon nhw–they came

GWNEUD
gwnes i–I did/made
gwnaeth e–he did
gwnaeth hi–she did
gwnaethon ni–we did
gwnaethoch chi–you did
gwnaethon nhw–they did

CAEL
ces i–I had
cafodd e–he had
cafodd hi–she had
cawson ni–we had
cawsoch chi–you had
cawson nhw–they had

7
BRYNOCH CHI RYWBETH YN Y DRE?
Did you buy something in the town?
NADDO, DIM BYD!
CES I DDIM BYD!
No, nothing!
I had nothing!

RWY'N MYND I'R GÊM
DYDD SADWRN NESA!
UFFERN, MAE'N DDEG
O'R GLOCH. O WEL,
ROEDD HENO'N WELL
NA NOSON GOFFI.
I'm going to the
game next Saturday!
Hell, it's ten o'clock.
O well, tonight was
better than a coffee evening.
8

DYWEDWCH A CHYFIEITHWCH

1. Dechreuodd e am saith o'r gloch.

2. Aethoch chi i'r gêm heddiw?

3. Do, es i i'r gêm.

4. Aethon ni i siopa yn y dre.

5. Yfoch chi'r cwrw i gyd?

6. Cerddon ni yr holl ffordd.

7. Roedden ni yno trwy'r dydd.

GWERS PUMP: **Yn y Clwb** (am newid) *(In the Club—for a change!)*

PAST TENSE –some notes

1. Object of verb has Soft Mutation (not all that important!), e.g., I saw a girl (girl –object of 'saw') – Gweles i *f*erch. (N.B. this only when the object has no 'the' before it.)

NEGATIVE: the verb can be started with Soft Mutation *(g,b,d,ll,m,rh)* OR Spirant Mutation *(c,p,t)*. E.g.:

*W*eles i ddim merch. (I didn't see a girl).

*Ch*es i ddim cinio. (I didn't have a dinner).

But it is perfect without mutations, as in picture 2: "*C*es i mo fe."

3
WELOCH CHI'R DWBWL UGAIN 'NA ?
Did you see that double 20 ?
NADDO, WELON NI MO FE.
No, we didn't see it.

When the object is a name (e.g., Huw) or has *the* before it *('r)*, put *mo* after the verb, e.g.,

Weles i mo Huw yn y gêm (I didn't see Huw in the game).

Weles i mo'r gêm ar y teledu (I didn't see the game on TV).

WEL, WEL, CHWARAEON NI'N DDA,
OND ENILLON NI DDIM.
Well, well, we played well,
but we didnt win.

Irishman

Also with pronouns: Weles i mo fe (I didn't see him). (*'mo'* in full is *'ddim o'* –nothing of.) Otherwise just put *ddim* after the verb. E.g.,

Weles i ddim gêm ar y teledu (I didn't see a *(any)* game on TV).

GEIRFA

dwbwl—double
digon—enough
cyn—before
ar ôl—after
gwydryn—glass
gwag—empty
trebl—treble
unwaith—once
dwywaith—twice
tro—turn; **am dro**—for a walk (can also mean *bend*)

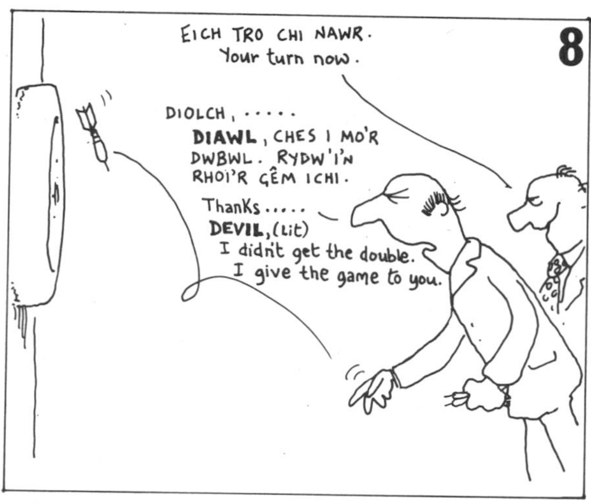

DYWEDWCH A CHYFIEITHWCH

1. Brynoch chi ddillad yn y dre?
2. Naddo, ches i ddim byd.
3. Gawsoch chi ddigon o ginio?
4. Do, ond ches i ddim pwdin.
5. Weloch chi'r ffilm yn y sinema?
6. Naddo, weles i mo hi.
7. Yfoch chi'r cwrw i gyd?
8. Naddo, yfes i mo'r cwrw i gyd.

GWERS CHWECH: **Cael Bwyd** (Having Food)

1
BWYD YN BAROD. BLE MAE EIN PLANT NI?
Food is ready. Where are our children?
WN I DDIM. MAE EU COTIAU NHW WRTH Y DRWS.
I don't know. Their coats are by the door.
2
A, DYMA CHI, BLANT!
Ah, here you are, children!

POSSESSIVE PRONOUN!?! –or in other words –my, his, her, our, your, their.

MY fy...(i) Nasal Mutation after *fy*.
(can be shortened to: **–...i**)

HIS ei...(e) Soft Mutation after *ei*.
(can be shortened to: **'i...(e)**)

HER ei...(hi) Spirant Mutation after *ei*.
(can be shortened to: **'i...(hi)**)

OUR ein...(ni) No mutation!!
(can be shortened to: **'n...(ni)**)

YOUR eich...(chi) No mutation!!
(can be shortened to: **'ch...(chi)**)

THEIR eu...(nhw) No mutation!!
(can be shortened to: **'u...(nhw)**)

E.g., *fy nhad i* – my father. It can also be *fy nhad* or *'nhad i*, or *'nhad*.

Ei dad e – his father. It can also be *ei dad*, or *'i dad e*, or *'i dad*. Any can be used.

NASAL MUTATION

These have the most difficult changes. Six letters only change:

c–*ngh*	g–*ng*
p–*mh*	b–*m*
t–*nh*	d–*n*

GEIRFA

wn i ddim–I don't know *(alternative for* **dydw i ddim yn gwybod)**
tatws–potatoes
cig–meat
bresych–cabbage
panas–parsnips
grefi–gravy
diod–drink
llwy–spoon
fforc–fork
moron–carrots
wynwns–onions
eu hunain–themselves

7
MAE EI PHLÂT HI'N RHY FACH, MAM
AC MAE EI CHEG HI'N FRWNT.
Her plate is too small, mam
and her mouth is dirty.

8
MAE FY MHLANT I'N DDIAWLED BACH.
My children are little devils.
HENO BYDDAN NHW'N GWNEUD
EU BWYD EU HUNAIN.
Tonight they'll make
their food themselves.

DYWEDWCH A CHYFIEITHWCH

1. Mae eich bwyd chi'n barod –codwch!

___

2. Mae fy nhatws i'n oer.

___

3. Mae 'mresych i'n galed.

___

4. Mae'ch panas chi'n ddu.

___

5. Mae'i ginio fe'n oeri.

___

6. Mae'n plant ni'n ddiawled bach.

___

7. Mae'i llwy hi'n frwnt.

___

8. Mae fy nghinio i ar y bwrdd.

___

GWERS SAITH: # Prynu Car (Buying a Car)

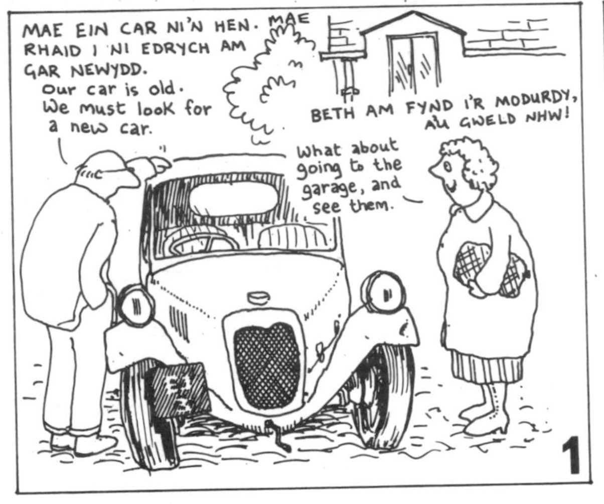

The pronouns we had in Gwers Chwech can be used for another purpose –as the **object of a verb.** E.g.,

He sees *her* – Mae e'n *ei* gweld *hi*.

The same rules for shortened forms and mutations apply.

MAE HWN YN EICH SIWTIO CHI.
This suits you
YDY, MAE E'N FY NENU I'N FAWR.
Yes, it attracks me a lot.
£1,600
3

YDYCH CHI'N GALLU EI WELD E, LLEW?
Can you see it, Llew?
NA, DYDW I DDIM EISIAU GWELD CAR DRUD.
No, I don't want to see an expensive car!
4

GEIRFA

Beth am....–What about...
modurdy–garage (**garej** *also used*)
ar werth–for sale
yn anffodus–unfortunately
denu–attract
drud–expensive
gwallgo–mad
rhy fach–too small

rhy–too
llawer–a lot/much
siec–cheque
llanw–fill
pam–why
rhaid–must; *in full,* **Mae rhaid i (John)** –(John) must. *(Lit.,* There is a need for John.)

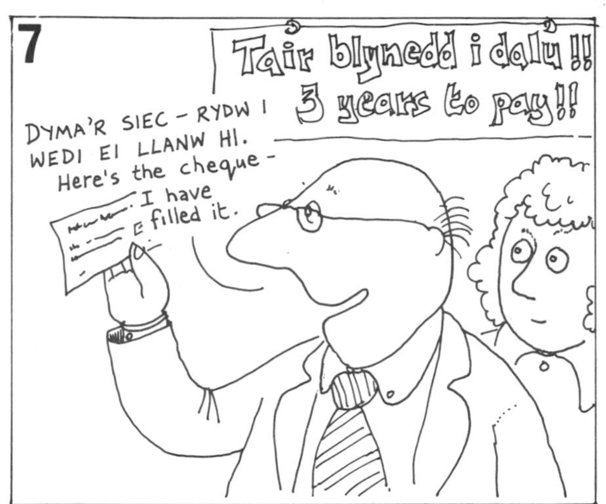

DYWEDWCH A CHYFIEITHWCH

1. Mae rhaid i chi eistedd yn y car.

2. Mae'r car yma ar werth am bum punt.

3. Roedd fy nghar i'n gar da.

4. Dydw i ddim yn ei werthu e.

5. Rydw i eisiau ei brynu e.

6. Dydw i ddim wedi eu gweld nhw o'r blaen *(before)*.

7. Mae hi wedi ei hoffi e'n fawr.

8. Roedden ni wedi eu gwerthu nhw i gyd.

GWERS WYTH: # Gwyliau (Holidays)

The same pronouns as we used in Gwers Chwech and Gwers Saith –now in another way again! This time they are put around the Welsh for *that* (as in sentences such as 'I know *that* he is coming').

THAT – **BOD** or **FOD** (it doesn't matter which)

I know that Huw is coming.
Rydw i'n gwybod bod Huw yn dod.

I know that *he* is coming.
Rydw i'n gwybod *ei* fod *e*'n dod.

Here they all are, with mutations:

3
Yr Eidal
RYDW I WEDI CLYWED EI BOD HI'N BRAF YN YR EIDAL YM MIS MEHEFIN, GORFFENNAF, AWST A MEDI.
I've heard it is fine in Italy in June, July, August and September.
MALI

4
NA, RYDW I'N SIŴR FY MOD I'N HOFFI GIBRALTAR YN WELL.
No, I'm sure I like Gibraltar better.
Gibraltar
YR ALMAEN
GERMANY

All these mean *that...is/are* if the main verb is in the present tense, e.g.,

I *know* that he *is* – Rydw i'n gwybod ei fod e...

All these mean *that...was/were* if the verb is in the past tense, e.g.,

I *knew* that he *was* – Roeddwn i'n gwybod ei fod e...

For 'that I am *not*', add '*ddim*'.

fy mod i – that I am/was
ei fod e – that he is/was
ei bod hi – that she is/was
ein bod ni – that we are/were
eich bod chi – that you are/were
eu bod nhw – that they are/were

YM mis – IN the month of...

'*Ym mis...*' is followed by the name of the months:

Ionawr–January
Chwefror–February
Mawrth–March
Ebrill–April
Mai–May
Mehefin–June
Gorffennaf–July
Awst–August
Medi–September
Hydref–October
Tachwedd–November
Rhagfyr–December

GEIRFA

ar wyliau–on holiday
eleni–this year
celfi–furniture
cynnig–suggest
yr Eidal–Italy
gwesty–hotel
credu–believe, think
y flwyddyn nesaf–next year
y Swisdir–Switzerland

DYWEDWCH A CHYFIEITHWCH

1. Rydw i'n credu fod digon o arian 'da chi.

2. Mae e wedi clywed ein bod ni'n mynd.

3. Rydyn ni'n siŵr ei bod hi'n braf yn yr Eidal.

4. Mae hi'n cynnig ein bod ni'n cael celfi.

5. Mae e'n dweud ei fod e'n westy da.

6. Rydw i'n siŵr fy mod i'n hoffi'r Swisdir.

7. Mae hi wedi darllen bod haul yn Malta trwy'r dydd.

8. Roedden ni'n credu fod Gibraltar yn dwym.

GWERS NAW: # Chwarae Golff (Playing Golf)

RYDW I'N CREDU Y BYDD HI'N BRAF HEDDIW.
I think it will be fine today.
YFWCH YN GYFLYM. RYDW I'N BAROD AM ROWND O GOLFF.
Drink quickly. I'm ready for a rownd of golf.
1

RYDW I'N SIWR Y BYDD Y TWLL CYNTAF YN ANODD.
I'm sure the first hole will be difficult.
BLE MAE'R HAEARN RHIF 10?
Where is the no 10 iron?
2

That 'THAT' again – in the FUTURE!

When you want to say that something will happen in the future, e.g., 'I think *that* it *will* be fine', the Welsh for *that* is *y*. After it, put the normal forms of the future, e.g., 'Rydw i'n credu y bydd hi'n braf'.

y bydda i – that I shall
y bydd e – that he will
y bydd hi – that she will
y byddwn ni – that we shall
y byddwch chi – that you will
y byddan nhw – that they will

For 'that I shall *not*' etc., add '*ddim*'.

NUMBERS

1st – **cyntaf** (comes *after* noun; all the others *before*)
2nd – **ail**
3rd – **trydydd; trydedd** before feminine nouns
4th – **pedwerydd; pedwaredd** before feminine nouns
5th – **pumed**

6th – **chweched**
7th – **seithfed**
8th – **wythfed**
9th – **nawfed**
10th – **degfed**

The tenth hole – **y degfed twll** or **twll deg**

GEIRFA

anodd–difficult
haearn–iron
rhif–number
cyn bo hir–before long
rhywbeth–something

popeth–everything
efallai–perhaps
o'r diwedd–at last
syched–thirst
cloi–quick (or **cyflym**)

DYWEDWCH A CHYFIEITHWCH

1. Rydw i'n credu y bydd hi'n bwrw glaw.

____

2. Mae e'n credu y bydd e'n ennill.

____

3. Rydyn ni'n gobeithio y byddwn ni'n ennill.

____

4. Maen nhw'n credu y bydda i'n colli.

____

5. Rydw i'n siŵr y bydd hi'n dod.

____

6. Efallai y byddan nhw'n dod heno.

____

7. Rydw i'n credu y bydd y bêl yn y tywod.

____

8. Rydw i wedi clywed y bydd e'n mynd cyn bo hir.

____

GWERS DEG: # Mynydda (Mountaineering)

That "THAT" again —in the PAST

Just as in Gwers Wyth, use *BOD* or *FOD* for *that.* But use *WEDI* instead of *YN* or *'N.* If you wish to say that something has happened, e.g.,

I think that I walked ten miles.
Rydw i'n credu fy mod i wedi cerdded deg milltir.

Other examples:

Rydw i'n gwybod ei fod e wedi dod.
I know that he has come.

Mae e'n dweud eich bod chi wedi cerdded.
He says that you have walked.

RYDW I'N CREDU FY MOD I WEDI GWELD Y COPA - YN Y CYMYLAU.
I think I saw the summit - in the clouds.
3

MAE'N SIŴR EICH BOD CHI A FI WEDI CERDDED DEG MILLTIR.
MAE'R ESGIDIAU'N DRWM.
It's sure that you and I have walked ten miles.
The boots are heavy.
4

BUT, there is a second, simpler way to do this! Use *I* for *that;* follow it with *fi ("I"),* and with the simple verb *cerdded,* but soft mutated to *gerdded.* So the translation now is:

I think that I walked ten miles.
Rydw i'n credu i fi gerdded deg milltir.

But *–i* can change!!:

i fi gerdded – that I walked
iddo fe – that he
iddi hi – that she
i ni – that we
i chi – that you
iddyn nhw – that they
i'r bachgen – that the boy.

All these can mean any past tense, simply depending on context– 'that I walked', 'that I had walked', or 'that I have walked'.

GEIRFA

pacio–to pack
offer–equipment, tools
copa–summit
niwl–mist

DYWEDWCH A CHYFIEITHWCH

1. Rydw i'n credu ei bod hi wedi dechrau bwrw glaw.

2. Rydw i'n siŵr ein bod ni wedi bod yma o'r blaen.

3. Mae'n siŵr i ni gerdded yn bell iawn.

4. Rydw i'n credu ei fod e wedi pacio popeth.

5. Rydw i'n credu fy mod i'n gallu gweld y copa.

6. Rydw i'n gobeithio i chi gofio'r cwrw.

7. Roedd e'n credu ein bod ni wedi gweld e yno.

8. Dydw i ddim yn credu ein bod ni wedi cerdded 5 milltir.

GWERS UN DEG UN: **Siop Roddion** (Gift Shop)

OTHER PHRASES WITH 'I'

Note these phrases that follow the same pattern:

I must – *Mae'n rhaid i fi.*
I'd better – *Mae'n well i fi.*
It's time for me to – *Mae'n bryd i fi.*

E.g., I have to go – *Mae'n rhaid i fi fynd.* (All of these are followed by Soft Mutation of the verb.)

In Gwers Deg we saw that *i* changes when used with different pronouns. Thus:

Mae'n	rhaid	i fi
	well	iddo fe
	bryd	iddi hi
		i ni
		i chi
		iddyn nhw

E.g., They'd better go – *Mae'n well iddyn nhw fynd.*

It's time for her to come – *Mae'n bryd iddi ddod.*

GEIRFA

crefftau–crafts
brethyn–tweed, flannel
crochenwaith–pottery
swydd–job
gwaith coed–wood work
llechi–slates
persawr–perfume
llyfrau Cymraeg–Welsh books
rhodd, anrheg–present

DYWEDWCH A CHYFIEITHWCH

1. Mae'n rhaid i fi fynd i'r siop yma.
2. Mae'n rhaid i ni brynu rhywbeth i mam.
3. Mae'n well i ni edrych ar y crochenwaith.
4. Mae'n bryd i chi gael swydd newydd.
5. Roedd yn bryd i ni gael celfi newydd.
6. Bydd yn well iddo fe brynu anrheg.
7. Ydy'n bryd i ni fynd adre?
8. Ydy'n well i ni aros yma?

GWERS UN DEG DAU: **Y Farchnad** (The Market)

1
WYAU FFERM
Farm Eggs
MAE'N RHAID I FI BRYNU MEFUS CYN I FI ADAEL.
I must buy strawberries before I leave.
GRAWNWYN
Grapes
MEFUS
Strawberries
BRESYCH
Cabbages
PANNAS
Parsnips

2
MAE'R BRESYCH YN EDRYCH YN DDA – PRYNWCH UN CYN I NI FYND.
The cabbages look good – buy one before we go.

MORE USES OF 'I'

Another type of sentence using *i* (and its different forms) is this:

I am going *before they come.*
We're going out *after he has finished.*

'before' – **cyn**
'after' – **ar ôl** or **wedi.** Thus:

cyn i fi – before I...
cyn iddo fe – before he...
cyn iddi hi – before she...
cyn i ni – before we...
cyn i chi – before you...
cyn iddyn nhw – before they...

similarly with *ar ôl* and *wedi*.
(All these again are followed by Soft Mutation.)

NOTE: after going – *ar ôl mynd*
before coming – *cyn dod.*

GEIRFA

mefus–strawberries
cig eidion–beef
cyw–chicken
oen–lamb
penwaig–herring
eog–salmon

DYWEDWCH A CHYFIEITHWCH

1. Rydw i'n mynd cyn i'r siop gau.

____

2. Ydyn ni'n mynd adre cyn cael cinio?

____

3. Roedd e yma cyn i chi ddod.

____

4. Byddwn ni'n mynd ar ôl iddyn nhw adael.

____

5. Bydda i'n cyrraedd ar ôl wyth o'r gloch.

____

6. Dewch yma cyn i ni orffen te.

____

7. Mae hi'n prynu bwyd cyn dod yma.

____

8. Ydych chi'n cael cinio ar ôl cyrraedd gartre?

____

GWERS UN DEG TRI: **Teledu** (Television)

ANSWERING QUESTIONS

Note these ways of answering questions:

What is...?
Beth sy ar y teledu? Drama (sy ar y teledu).

Who is...?
Pwy sy'n actio? John Wayne (sy'n actio).

Which...is...?
Pa raglen sy heno? Y Newyddion (sy heno).

What kind of...is...?
Sut raglen sy am ddeg? Ffilm (sy am ddeg).

Is it (a film that is on TV)?
Ffilm sy ar y teledu? Ie *or* Nage.

*When a question starts with a noun or a name,
YES – **IE**
NO – **NAGE**, or **NA**

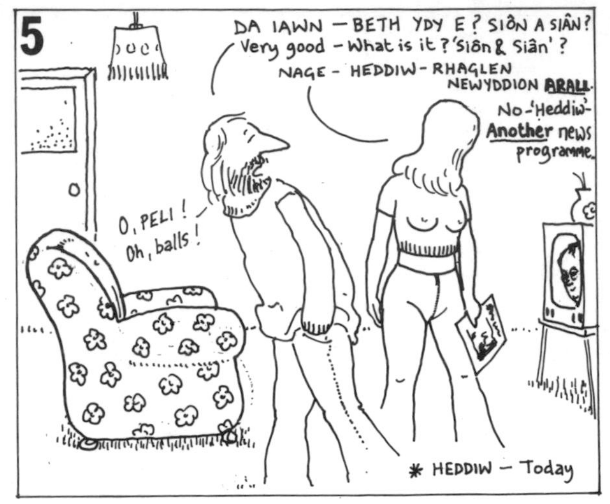

GEIRFA

rhaglen—programme
ffilm—film
diolch byth—thank goodness
newyddion—news
drama—drama
syniad—idea

DYWEDWCH A CHYFIEITHWCH

1. Pa raglen sy ar y teledu heno?
2. Sut ffilm sy yn y sinema?
3. Beth sy ar y radio am wyth o'r gloch?
4. Pwy sy'n actio yn y ffilm?
5. Drama Gymraeg sy am chwech?
6. Nage, drama Saesneg, wrth gwrs.
7. Pryd mae'r newyddion?
8. Am ddeg o'r gloch.

GWERS UN DEG PEDWAR: **Yr Amgueddfa** (The Museum)

1
DYMA'R AMGUEDDFA SY YN Y LLYFR!
This is the museum that's in the book!
IE, DEWCH I MEWN IDDI.
Yes, Come in to it

2
DYMA HEN GARREG SY WEDI DOD O BEN Y MYNYDD.
This is an old stone that has come from Pen y Mynydd. (Mountain Top)
ROEDD POBL OES Y CERRIG YN TORRI CIG GYDA HI.
People of the stone age cut meat with it.

WHO

Often one wishes to say something like:

'I know the man *who is* living next door.'

Who is, who are, that is and *that are* are all translated by **sy'n**. Therefore this sentence in Welsh is:

'Rydw i'n nabod y dyn *sy'n* byw drws nesa.'

Who has, who have, that have and *that has* are all translated by **sy wedi**. Therefore:

'I know the man who has moved.' –
'Rydw i'n nabod y dyn *sy wedi* symud.'

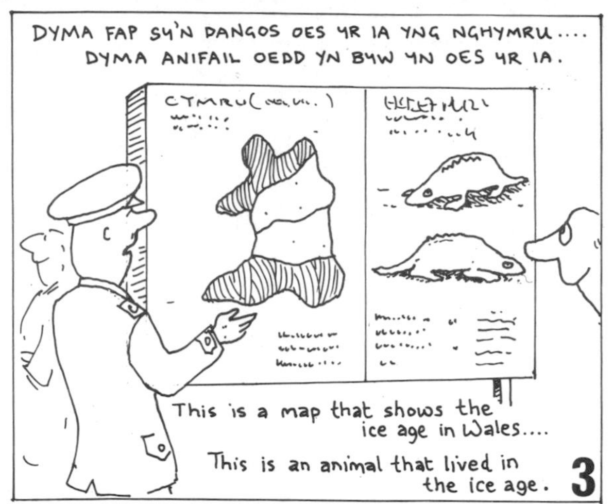

DYMA FAP SY'N DANGOS OES YR IA YNG NGHYMRU....
DYMA ANIFAIL OEDD YN BYW YN OES YR IA.
This is a map that shows the ice age in Wales....
This is an animal that lived in the ice age.
3

4
YN Y DARLUN MAE MENYW SY'N GWISGO DILLAD O GROEN ANIFAIL YN YR OES HAEARN.
In the picture is a a woman who is wearing clothes of animal skin in the iron age.

Who was, who were, that was, that were are all translated by **a oedd**. Therefore:

'This is the book that was on the table.' –
'Dyma'r llyfr *a oedd* ar y bwrdd.'

With past tenses, *that* – **a**. Therefore:

'This is the book that I read.' –
'Dyma'r llyfr *a* ddarllenes i.'

(This *a* is followed by Soft Mutation.)

Nice Note: *'a'* can be left out.

5
EDRYCHWCH! DYMA RYWBETH SY DDIM YN YR AMGUEDDFA YN LLUNDAIN!
Look! Here's something that is not in the Museum in London!
DYNION
MERCHED

6
CROES GELTAIDD YW HON, SY DDIM WEDI NEWID ERS DEG CANRIF.
This is a Celtic Cross, that has not changed for (since) ten centuries.

GEIRFA

oes–age, life
ia–ice
gofalwr–keeper
croes–cross
Celtaidd–Celtic
canrif–century
yn ôl–ago

DYWEDWCH A CHYFIEITHWCH

1. Dyma'r fferm sy yn y llyfr.

2. Dyma fap sy'n dangos y gwesty.

3. Rydw i'n gweld y dyn a oedd yma ddoe.

4. Ble mae'r car a welais i neithiwr *(last night)*?

5. Ydych chi'n nabod y fenyw sy wedi mynd?

6. Dyma'r caffe sy'n gwneud bwyd da.

7. Ble mae'r mynydd sy ar y map?

8. Ble mae'r arian a oedd ar y bwrdd?

GWERS UN DEG PUMP: **Gwersylla** (Camping)

1
DYMA NI WEDI CYRRAEDD Y GWERSYLL.
Here we are arrived at the camp.
MAE'N WELL NAG AROS MEWN GWESTY.
It's better than staying in a hotel.

"ROEDD YN WELL NA BOD YNG NGHANOL Y DREF.
It was better than being in the middle of town.
ROEDD EIN PABELL NI YN LLAI NA'R LLEILL.
Our tent was smaller than the others."
2

COMPARING

as...as – *mor...â (ag* before vowels)
more...than – *mwy...na (nag* before vowels)
most – *mwyaf*

E.g.,

red – *coch*
as red as – *mor goch â (mor* is followed by Soft Mutation, *â* and *na* by Spirant Mutation)

redder than – *mwy coch na*
reddest – *mwyaf coch*

"EIN PABELL NI OEDD Y LLEIAF !
Our tent was the smallest!
ER DOEDD HI DDIM YN FAWR, ROEDD HI'N DDIGON.
Although it was not big, it was enough."
3

4
"DOEDD UN OCHR DDIM MOR FAWR Â'R LLALL.
One side was not as big as the other.
AC ROEDD UN POLYN YN FWY NA'R LLALL.
And one pole was bigger than the other."

IRREGULARS

			—er	—est
		as...as	more...than	most
good	da	cystal â	gwell na	gorau
bad	drwg	cynddrwg â	gwaeth na	gwaethaf
small	bach	cyn lleied â	llai na	lleiaf
		also: mor fach â		
big	mawr	mor fawr â	mwy na	mwyaf

Second Way

This way can be used with short adjectives (1 or 2 syllables):

coch	coch*ach*	coch*af*
red	redd*er*	red*est*

GEIRFA

canol–middle
yng nghanol–in the middle of
pabell–tent
polyn–pole
polion–poles
rhaff–rope
golygfa–view
codi pabell–to put up a tent
llall–other (one)
lleill–others

DYWEDWCH A CHYFIEITHWCH

1. Mae gwersylla'n well nag aros gartref.

2. Roedd ein pabell ni'n llai na'r lleill.

3. Roedd y wlad yn fwy prydferth na'r dref.

4. Mae'r tywydd yn fwy sych yn yr haf.

5. Eich car chi oedd y gorau.

6. Roedd y môr mor las â'r awyr *(sky)*.

7. Roedd y gwersyll yn fwy pell na deg milltir.

8. Roedd y babell mor dwym ag iglŵ.

GWERS UN DEG CHWECH: **Yn y Lolfa** (In the Lounge)

WHEN SOMETHING IS DONE TO YOU...

When something is done to you, in English they use the verb 'to be', e.g., '*I am* being kicked'. In Welsh we use *cael* – 'Rydw i'n *cael* fy nghicio'. Notice that after *cael* we put the first part of the possessive pronoun (see Gwers Chwech) and then we put the simple verb, with appropriate mutation, if required, e.g.,

The tea is being drunk:
Mae'r te'n cael ei yfed.

The house has been burnt:
Mae'r tŷ wedi cael ei losgi.

The *fy*, or *ei* etc. all refer to the thing or person affected, –'tea' and 'house' in the above sentences. If something was done to 'you', it would be *'cael eich...'*

GEIRFA

papuro–to paper
oeri–to cool
llanw–to fill
eto–yet
llifo–to flow
cludo–to carry, transport
atal–to stop

DYWEDWCH A CHYFIEITHWCH

1. Mae'r drws wedi cael ei baentio'n dda.

2. Mae'r bwyd wedi cael ei fwyta i gyd.

3. Dydy'r cwrw ddim wedi cael ei yfed.

4. Dydw i ddim wedi cael fy ngweld.

5. Mae hi'n cael ei chusanu.

6. Roedden nhw'n cael eu llanw 'da'r bwyd.

7. Rydych chi'n cael eich cludo yn y car.

8. Dydy e ddim yn cael ei dalu am y gwaith.

Gramadeg

Grammar

In this book, all the grammar you need is put in the individual lessons. This table gives a summary.

P.S.
Remember there's a full basic grammar in *Welsh is Fun*.

...but here are two further (small) points:

✱ALTERNATIVES for relatives, friends, dogs etc.

In Welsh there is in use another form of *YOU (chi)* that can be used for people very familiar to you –**TI**. (Compare with English *Thou*, French *Tu*, German *Du*.)

'Your' & noun: *dy...di*. So 'your girl' is *dy ferch di*. (N.B. Soft Mutation)

These are the VERB forms connected with it:
COMMANDS: add '*a*' to verb, e.g., walk! (cerdded) – *cerdda!*
PRESENT TENSE: *Rwyt ti*, e.g., *rwyt ti'n mynd; rwyt ti wedi mynd; Wyt ti'n mynd?*
PAST TENSE: *Roeddet ti*, e.g., *roeddet ti'n dod; roeddet ti wedi dod.*
FUTURE TENSE: *Byddi di*, e.g., *Byddi di'n dod?; byddi di'n mynd.*
PAST, short form: add '*–est*' to verb: *Cerddest ti* – you walk; *Gerddest ti?* – Did you walk?

✱ADVERBS

In English, you usually add '–ly' to the adjective, e.g., quick, ***quickly***. In Welsh we always put '*yn*' before the adjective– cyflym, *yn gyflym*. (Soft Mutation after '*yn*'.)

Atebion a Chyfieithiadau

(ANSWERS & TRANSLATIONS —use them "in reverse" as well: i.e., translate back into Welsh)

ADOLYGU (REVISION)

Darlun 1

Sgwrs 1

Is the train in the station? Yes, it is on platform one. When is the train going, love? It's going at half past three. Where is your husband? He is on the train.

Sgwrs 2

Hello, good morning, have you got a copy of *Parade*, please? No, we haven't got *Parade*. But *Lol* is here. Very good. What is *Lol*'s price? Thirty pence, please. There are big breasts on the woman! Ha. Ha. Here is fifty pence. Thanks. Twenty pence change. Good bye!

Sgwrs 3

Porter! Does the train go to Llanelli? No, it doesn't! It goes through Cardiff. Is there a train in the station going to Llanelli? Yes, it's arriving now on platform three. But it's leaving at a quarter to twelve tomorrow morning. O devil! Thanks porter.

Suggested Answers

1. Mae hi'n dri o'r gloch. 2. Oes, mae trên ar blatfform un. 3. Oes, mae dyn yn prynu *Lol*. 4. Ydy, mae hi'n braf iawn. 5. Ydy, mae'r porter yn gweithio. 6. Mae'r trên yn mynd i Gaerdydd am chwarter wedi deg. 7. Mae'r trên ar blatfform un yn mynd i Gaerfyrddin. 8. Mae'r siop bapurau yn yr orsaf.

Darlun 2

Sgwrs 1

Are you getting up, Gwyn? Yes, I'm washing. You are late. We are going at nine, remember. It doesn't matter. I haven't shaved yet. Is breakfast ready? Yes, it's on the table.

Sgwrs 2
Gwen! Are you coming to have breakfast? Yes! I'm dressing now. Where's my skirt, mam? It's in the cupboard. Have you got nickers? Yes, and a bra. Is there an egg for breakfast? Yes, a boiled egg.
Sgwrs 3
Dafydd, what do you want for breakfast? I want an egg, toast and marmalade. Do you want a cup of tea? No, I don't. I want to drink milk. Devil! The toast is burning. Hell! The dog's eating the toast, Sian is in the bath and we (are) not ready to go.
Suggested Answers
1. Ydw, rydw i'n hoffi codi. 2. Ydw, rydw i'n bwyta wy i frecwast. 3. Ydw, rydw i'n yfed llaeth mewn te. 4. Na, dydw i ddim yn cael bath cyn brecwast. 5. Ydw, rydw i'n hoffi tost a marmalêd. 6. Mae Sian yn y bath. 7. Mae Gwen yn gwisgo. 8. Na, dydyn nhw ddim yn barod i fynd.

Darlun 3

Sgwrs 1
It's hot (*or* She's hot). Yes. She's got hellish big breasts. No, the fool, the weather is hot. O yes, of course, yes, very hot. Do you want ice cream? Yes, I want four, please. How much is one? Six pence. That's twenty-four pence...thanks.
Sgwrs 2
The castle's big. Yes. I like building a sand castle. Have you swum? No, but I've been in the boat. Has Huw bought ice cream? Yes. He has had four.
Sgwrs 3
Have you dressed? Yes, I'm wearing a bikini. Have you seen the man and the sand castle? Yes. He hasn't looked at us. The man is big and strong.
Suggested Answers
1. Ydw, rydw i wedi gweld merch mewn bicini. 2. Ydw, rydw i wedi nofio yn y môr. 3. Ydy, mae'r dyn wedi prynu hufen ia. 4. Ydy, mae'r tad wedi adeiladu castell. 5. Ydy, mae'r tywydd yn oer. 6. Mae'r dyn yn nofio yn y môr. 7. Ydyn, mae'r merched yn bert. 8. Na, dydyn nhw ddim yn gorwedd yn y gwesty.

Darlun 4

Sgwrs 1
Was the car all right? No, it wasn't. The brake has broken. Was the gear all right? Yes, luckily. Were you working on the car this morning? Yes, I was working very hard.
Sgwrs 2
Is the car ready? No, it will not be ready today. Will it be ready tomorrow? Yes. Will you be coming here tomorrow? Yes, I shall phone at nine o'clock.
Sgwrs 3
I want to pay, please. Thanks. Here's the bill. Jiw! It's hellish expensive. Thirty pounds! May I pay by cheque? Have you got a bank card? No, I'm sorry. Never mind. The car will go all right now.

Suggested Answers

1. Na, doedd y car ddim yn iawn. 2. Oeddwn, roeddwn i'n gweithio'n galed y bore 'ma. 3. Oeddwn, roeddwn i yn y gwaith ddoe. 4. Oedd, roedd y bil yn ddrud uffernol. 5. Bydd, bydd y car yn barod yfory. 6. Bydda, bydda i'n mynd i'r gwaith yfory. 7. Bydda, bydda i'n mynd i'r gwely heno. 8. Na, does dim cerdyn banc 'da fi.

GWERS UN

1. Run, we are late. 2. Drive slowly. 3. Open the door. 4. Come in. 5. Take your coat off. 6. You go first. 7. Sit by the table. 8. Eat all the food. 9. Bring the paper.

GWERS DAU

1. Don't be long. 2. Don't go shopping. 3. Don't look at television. 4. Don't stand by the door. 5. Don't worry. 6. Don't spend too much. 7. Don't wear old clothes.

GWERS TRI

1. Miners went on strike. 2. A house went on fire. 3. The fire brigade came. 4. Wales won the game this year. 5. England won last year. 6. Huw ran to work. 7. The man slept late.

GWERS PEDWAR

1. He started at seven o'clock. 2. Did you go to the game today? 3. Yes, I went to the game. 4. We went shopping in the town. 5. Did you drink all the beer? 6. We walked all the way. 7. We were there all day.

GWERS PUMP

1. Did you buy clothes in the town? 2. No, I didn't have anything. 3. Did you have enough dinner? 4. Yes, but I didn't have pudding. 5. Did you see the film in the cinema? 6. No, I didn't see it. 7. Did you drink all the beer? 8. No, I didn't drink all the beer.

GWERS CHWECH

1. Your food is ready –get up! 2. My potatoes are cold. 3. My cabbage is hard. 4. Your parsnips are black. 5. His dinner is getting cold. 6. Our children are little devils. 7. His spoon is dirty. 8. My dinner is on the table.

GWERS SAITH

1. You have to sit in the car. 2. This car is for sale for five pounds. 3. My car was a good car. 4. I'm not selling it. 5. I want to buy it. 6. I haven't seen them before. 7. She has liked it a lot. 8. We had sold them all.

GWERS WYTH

1. I think you've got enough money. 2. He has heard that we are moving. 3. We are sure it's fine in Italy. 4. She suggests that we have furniture. 5. He says it's a good hotel. 6. I am sure that I like Switzerland. 7. She has read that there is sun in Malta all day. 8. We thought that Gibraltar was warm.

GWERS NAW

1. I think it will rain. 2. He thinks that he will win. 3. We hope that we will win. 4. They think that I will lose. 5. I'm sure that she'll come. 6. Perhaps they will come tonight. 7. I think the ball will be in the sand. 8. I have heard that he will go before long.

GWERS DEG

1. I think that it has started raining. 2. I'm sure that we've been here before. 3. It's sure that we've walked very far. 4. I think that he's packed everything. 5. I think that I can see the summit. 6. I hope that you've remembered the beer. 7. He thought that we saw him there. 8. I don't think that we have walked five miles.

GWERS UN DEG UN

1. I must go to this shop. 2. We must buy something for mam. 3. We'd better look at the pottery. 4. It's time for you to have a new job. 5. It was time for us to have new furniture. 6. It will be better for him to buy a present. 7. Is it time for us to go home? 8. Had we better stay here?

GWERS UN DEG DAU

1. I'm going before the shop closes. 2. Are we going home before having dinner? 3. He was here before you came. 4. We shall go after they leave. 5. I shall arrive after eight o' clock. 6. Come here before we finish tea. 7. She buys food before coming here. 8. Do you have dinner after arriving home?

GWERS UN DEG TRI

1. Which programme is on TV tonight? 2. What kind of film is in the cinema? 3. What's on the radio at eight o'clock? 4. Who's acting in the film? 5. Is it a Welsh play that's at six? 6. No, an English play, of course. 7. When is the news? 8. At ten o'clock.

GWERS UN DEG PEDWAR

1. This is the farm that's in the book. 2. This is a map that shows the hotel. 3. I see the man who was here yesterday. 4. Where is the car that I saw last night? 5. Do you know the woman who has gone? 6. This is the cafe that makes good food. 7. Where's the mountain that's on the map? 8. Where's the money that was on the table?

GWERS UN DEG PUMP

1. Camping is better than staying home. 2. Our tent was smaller than the others. 3. The country was more beautiful than the town. 4. The weather is drier in the summer. 5. Your car was the best. 6. The sea was as blue as the sky. 7. The camp was further than ten miles. 8. The tent was as warm as an igloo.

GWERS UN DEG CHWECH

1. The door has been painted well. 2. The food has all been eaten. 3. The beer hasn't been drunk. 4. I haven't been seen. 5. She is being kissed. 6. They were being filled by the food. 7. You are being carried in the car. 8. He has not been paid for the work.

Geirfa CYMRAEG-SAESNEG

WELSH–ENGLISH Vocabulary

WHEN USING THIS VOCABULARY, REMEMBER:

1. The Welsh word may be mutated (see page 62). Look up the original sound.
2. Some letters in Welsh seem to be in a different order from English, because **ch, dd, ff, ng, ll, ph, rh, th** are single letters. Look up the words in the order of the Welsh alphabet: **a b c ch d dd e f ff g ng h i l ll m n o p ph r rh s t th u w y.**
3. **m.**=masculine; **f.**=feminine. Plural of nouns is put in brackets, e.g., **ysgol** (f.-**ion**)—school: schools=**ysgolion.**

A

a–and
â–with
aber–mouth of river
ac ati–and so on
actio–to act
actor (m.-**ion**)–actor
achos (m.-**ion**)–cause; **achos da** –a good cause
adeg (f.-**au**)–period
adeilad (m.-**au**)–building
adeiladu–to build
aderyn (m.**adar**)–bird
adfail (m.**adfeilion**)–ruin
adnabod–to know, recognise
adre (f.)–homewards, home
addo–to promise
afal (m.-**au**)–apple
afon (f.-**ydd**)–river
agor–to open; **ar agor**–open
agored–open
agos–near
anghofio–to forget
alaw (f.-**on**)–tune, melody
am–for
amgueddfa (f.**amgueddfeydd**)–museum
aml–often
amser (m.-**au**)–time
anfon–to send
anffodus–unfortunate
anifail (m.**anifeiliaid**)–animal
annwyl–dear
anodd–difficult
anrheg (f.-**ion**)–gift
annwyd (m.-**au**)–chill
ar–on
araf–slow
arbennig–special
ardderchog–excellent
arian (m.)–money
aros–to wait
asgwrn (m.**esgyrn**)–bone
at–to, towards
atal–to stop

ateb (m.-ion)–answer
ateb–to answer
athro (m.**athrawon**)–teacher
aur–gold
awr (f.**oriau**)–hour
awyr (f.)–sky
awyren (f.-**nau**)–aeroplane

B

baban (m.-**od**)–baby
bach–small
bachgen (m.**bechgyn**)–boy
balch–proud, pleased
banc (m.-**iau**)–bank
bar (m.-**rau**)–bar
bara (m.)–bread; **bara lawr**–laver bread; **bara menyn**–bread & butter
bardd (m.**beirdd**)–poet
bargen (f.**bargeinion**)–bargain
basged (f.-**i**)–basket
baw (m.)–dirt
berwi–to boil
beth?–what?
beudy (m.**beudai**)–cowshed
bil (m.-**iau**)–bill
blaen (m.)–front; **o'r blaen**–before (in time); **o flaen**–in front of; **yn y blaen**–in the front
blanced (m.-**i**)–blanket
blas (m.-**au**)–taste
blawd (m.)–flour
ble?–where?
blin–tiresome; **mae'n flin 'da fi**–I'm sorry
blinedig–tired
blino–to get tired; **wedi blino**–tired
blodyn (m.**blodau**)–flower
blows–blouse
blwyddyn (f.**blynyddoedd**)–year
bod–to be; that
bodlon–contented, pleased, willing
bolheulo–to sunbathe
bore (m.-**au**)–morning
brawd (m.**brodyr**)–brother
brêc (m.-**iau**)–brake
brecwast (m.-**au**)–breakfast
bresychen (f.**bresych**)–cabbage
brethyn (m.-**nau**)–tweed
brigâd (f.-**au**)–brigade; **brigâd dân**–fire brigade
bron (f.-**nau**)–breast
bronglwm (m.**bronglymau**)–bra
brown–brown
brwnt–birty
bryn (m.-**iau**)–hill
brysio–to hasten
buwch (f.**buchod**)–cow
bwced (m.-**i**)–bucket
bwrdd (m.**byrddau**)–table
bwrw eira–to snow
bwrw glaw–to rain
bws (m.**bysus**)–bus
bwthyn (m.-**nod**)–cottage
bwyd (m.-**ydd**)–food
bwydlen (f.-**ni**)–menu
bwyta–to eat
byd (m.-**oedd**)–world
bydd e–he will (*see grammar for full verb form*)
byr–short
bys (m.-**edd**)–finger
byw–to live

C

cacen (f.-**nau**)–cake
cadair (f.**cadeiriau**)–chair
cadw–to keep
cae (m.-**au**)–field
caead (m.)–lid
cael–to have
caer (f.**ceyrydd**)–fort
caled–hard, difficult
calon (f.-**nau**)–heart
cam–bent
cam (m.-**au**)–step
cân (f.-**euon**)–song
cannwyll (f.**canhwyllau**)–candle
canhwyllbren (m.**canwyllbrennau**)–candlestick
canol–middle
canrif (f.-**oedd**)–century
cant (m.**cannoedd**)–hundred
canu–to sing
canwr (m.**cantorion**)–singer
capel (m.-**i**)–chapel
car (m.**ceir**)–car
carchar (m.-**au**)–jail
carden (f.**cardiau**)–card
caredig–kind
cariad (m.-**on**)–sweetheart, love
cario–to carry
carreg (f.**cerrig**)–stone
cartref (m.-**i**)–home
cas–nasty
casáu–hate
casglu–to collect
castell (m.**cestyll**)–castle
cath (f.-**od**)–cat
cau–to close
cawl (m.)–soup, mess
caws (m.)–cheese
ceffyl (m.-**au**)–horse
ceg (m.-**au**)–mouth
cegin (f.-**au**)–kitchen
ceiliog (m.-**od**)–cockerel
ceiniog (f.-**au**)–penny
celfi–furniture
Celtaidd–Celtic
cenedl (f.**cenhedloedd**)–nation
cenedlaethol–national
cerdyn (m.**cardiau**)–card
cerdded–to walk
cês (m.-**us**)–case
ci (m.**cwn**)–dog
cicio–to kick
cig (m.-**oedd**)–meat
cinio (m.**ciniawau**)–dinner, lunch
clawdd (m.**cloddiau**)–hedge
clefyd (m.-**au**)–illness
clir–clear
cloc (m.-**iau**)–clock
cloch (f.**clychau**)–bell
cloff–lame
cludo–to carry, give a lift to, to transport
clust (f.-**iau**)–ear
clustog (f.-**au**)–pillow
clwyf (m.-**au**)–wound, disease
clywed–to hear
coch–red
codi–to raise, to get up
coeden (f.**coed**)–tree
coes (f.-**au**)–leg
cofio–to remember
coffi–coffee
coginio–to cook
colli–to lose
copa (f.-**on**)–summit
costio–to cost
cot (f.-**iau**)–coat
craig (f.**creigiau**)–rock
credu–to believe
crefft (f.-**au**)–craft
crochenwaith (m.)–pottery
croen (m.**crwyn**)–skin
croes (f.-**au**)–cross
croesi–to cross
croeso (m.)–welcome
cryf–strong
crys (m.-**au**)–shirt
curo–to beat
cusanu–to kiss
cwch (m.**cychod**)–boat
cwestiwn (m.-**au**)–question
cwis–quiz
cwm (m.**cymoedd**)–valley
cwmni (m.-**oedd**)–company
cwmwl (m.**cymylau**)–cloud
cwpan (m/f.-**au**)–cup
cwpwrdd (m.**cypyrddau**)–cupboard
cwrw (m.)–beer
cwsmer (m.-**iaid**)–customer
cwympo–to fall
cychwyn–to start
cyflym–fast
cyfoethog–rich

cyfri–to count
cyngerdd (m/f.**cyngherddau**)–concert
cyhoeddus–public
cyllell (f.**cyllyll**)–knife
cymdeithas (f.-**au**)–society
Cymdeithas yr Iaith Gymraeg–Welsh Language Society
Cymraeg (f.)–Welsh (language)
Cymraes (f.**Cymreigesau**)–Welsh woman
Cymreig–Welsh (apart from language)
Cymro (m.**Cymry**)–Welshman
Cymru–Wales
cymryd–take
cymysgu–to mix
cyn–before
cynnar–early
cynnes–warm
cynnig–to suggest
cyntaf–first
cyrraedd–to reach
cysgu–to sleep
cysurus–comfortable
cytuno–to agree
cythrel (m.**cythreuliaid**)–devil; **Cer i'r cythrel**–Go to the...
cyw (m.-**ion**)–chicken

CH

chi–you
chwaer (f.**chwiorydd**)–sister
chwarae–to play
chwaraewr (m.**chwaraewyr**)–player
chwarter (m.-**i**)–quarter
chwerthin–to laugh
chweugen (m.)–50p
chwith–left

D

'da–with
da–good
dafad (f.**defaid**)–sheep
daear (f.-**oedd**)–earth, land
dal–to catch
dangos–to show
dan–under, below
darganfod–to find
darlun (m.-**iau**)–picture
darllen–to read
darn (m.-**au**)–piece
dathlu–to celebrate
dawns (f.-**feydd**)–dance
dawnsio–to dance
de (m.)–south
de–right (side); **ar y dde**–on the right
deall–to understand
dechrau–to start
deffro–to awake
denu–to attract
derbyn–to receive
dewch!–come!; **dewch â...!**–bring...!
dewis–to choose
diawl (m.-**ed**)–devil
diddorol–interesting
diferyn (m.**diferion**)–drop (of fluid)
digon–enough
dillad (m.)–clothes
dim–no, nothing; **dim byd**–nothing; **dim ots**–no matter
dime (f.-**iau**)–½p
dinas (f.-**oedd**)–city
diod (f.-**ydd**)–drink
diolch (m.-**iadau**)–thanks
dirwy (f.-**on**)–fine (in court)
disgwyl–to expect
diwedd (m.)–end
diwethaf–last
dod–to come
dod â–to bring
dodi–to put
dodrefn (m.)–furniture
drama (f.-**u**)–drama
dringo–to climb
dros–over
drud–expensive
drwg–bad, evil, naughty
drws (m.**drysau**)–door
drwy–through
drych (m.-**au**)–mirror
du–black
dwbwl–double
dweud–to say
dŵr (m.)–water
dwsin–dozen
dwyrain–east
dwywaith–twice
dy–your
dychwelyd–to return
dydd (m.-**iau**)–day
dymuniad (m.-**au**)–wish
dymuno–to wish
dyn (m.-**ion**)–man
dysgl (f.-**au**)–dish
dysgu–to teach, to learn
dyweddio–to be engaged

DD

ddoe–yesterday

E

e–he, it
ebol (m.-**ion**)–foal
edrych–to look
edrych ar–to look at
efallai–perhaps
eglwys (f.-**i**)–church
yr Eidal–Italy
eidion–beef
eiliad (m/f.-**au**)–second
eillio–to shave
ei–his
eich–your
ein–our
eira (m.)–snow; **bwrw eira**–to snow
eistedd–to sit
eleni–this year
ennill–to win
enw (m.-**au**)–name
enwog–famous
eog (m.-**iaid**)–salmon
esgid (f.-**iau**)–shoe
eto–again
eu–their
ewch!–go!; **ewch â!**–take...!
ewythr (m.-**edd**)–uncle
ewyn (m.)–froth, foam

F

faint–how much; **faint o**–how many
fe–he, him
fi–me; **fy**–my

FF

ffair (f.**ffeiriau**)–fair
ffatri (f.-**oedd**)–factory
ffedog (f.-**au**)–apron
ffenestr (f.-**i**)–window
fferm (f.-**ydd**)–farm
ffermdy (m.**ffermdai**)–farmhouse
ffermwr (m.**ffermwyr**)–farmer
fferyllydd (m.**fferyllwyr**)–chemist
ffilm (f.-**iau**)–film
ffodus–fortunate
ffôl–foolish
ffôn, teliffon–telephone
ffonio–to phone
fforc (f.**ffyrc**)–fork
ffordd (f.**ffyrdd**)–way
fforest (f.-**ydd**)–forest
ffrio–to fry, to quarrel
ffrog (f.-**iau**)–frock
ffrwyth (m.-**au**)–fruit
ffwrdd, i ffwrdd–away
ffwrn (f.**ffyrnau**)–oven, stove

G

gadael–to leave
gaeaf (m.-au)–winter
gair (m.geiriau)–word
galw–to call
galwyn (m.-i)–gallon
gallu–to be able to
gan–by
ganddi hi–with her
ganddo fe–with him
ganddyn nhw–with them
gardd (f.gerddi)–garden
gartre (f.)–at home
gât (m.-iau)–gate
gêm (f.-au)–game
gen i–with me
gennych chi–with you
gennyn ni–with us
gêr–near, by
gêr (m.)–gear
glân–clean
glan y môr–sea-side
glas–blue
glaswellt–grass
glaw (m.-ogydd)–rain
glo (m.)–coal
gloi–fast, quick
gobaith (m.gobeithion)–hope
gobeithio–to hope
godro–to milk
gofal (m.-on)–care
gofalu–to care, look after
gofalwr (m.gofalwyr)–keeper
gofyn–to ask
gogledd (m.)–north
golau–light
golchi–to wash
golygfa (f.golygfeydd)–scenery
gorau–best
gorffen–to finish
gorffwys–to rest
gorllewin (m.)–west
gormod–too much
gorsaf (f.-oedd)–station
gorwedd–to lie down
grat (m.-iau)–grate
grawnwin–grapes
grefi (m.)–gravy
gris (m.-iau)–step
gwaeth–worse
gwag–empty
gwahoddiad (m.-au)–invitation
gwaith (m.gweithiau/gweithfeydd)–work
gwallgo–mad
gwallt (m.-au)–hair
gwan–weak
gwanwyn (m.)–spring
gwario–to spend
gwau–to knit
gwartheg (m.)–cattle
gwddf (f.gyddfau)–neck
gweddol–fair, fairly
gweithio–to work
gweld–to see
gwely (m.-au)–bed
gwell–better
gwella–to recover, make better
gwên (f.-au)–smile
gwen–white
gwenu–to smile
gwersyll (m.-oedd)–camp
gwersylla–to camp
gwerth (m.-oedd)–value; ar werth–for sale
gwerthiant (m.gwerthiannau)–sale
gwerthu–to sell
gwesty (m.gwestai)–hotel
gwin (m.-oedd)–wine
gwir–true
gwir (m.)–truth
gwisg (f.-oedd)–dress
gwisgo–to wear, to dress
gwlad (f.gwledydd)–country
gwladgarol–patriotic
gwlân (m.)–wool
gwlyb–wet
gwlychu–to wet, to get wet
gwneud–to do, to make
gwr (m.gwŷr)–man, husband
gwraig (f.gwragedd)–wife, woman
gwrando–listen
gwybod–to know
gwydryn (m.gwydrau)–glass
gŵyl (f.-iau)–holiday
gwylio–to watch
gwyn–white
gwynt (m.-oedd)–wind
gwyrdd–green
gyd, i gyd–all
gyda–with
gyntaf, yn gyntaf–first
gyrru–to drive

H

haearn (m.heyrn)–iron
haf (m.-au)–summer
halen (m.)–salt
hanner (m.haneri)–half
hapus–happy
hardd–beautiful
haul (m.heuliau)–sun
hawdd–easy
heb–without
heblaw–except
hedfan–to fly
heddiw–today
helpu–to help
hen–old
heno–tonight
heol (f.-ydd)–road
het (f.-iau)–hat
hi–she, her, it
hir–long
hoffi–to like (to)
holl–all
hon (f.)–this, this one
hosan (f.sanau)–sock
hufen (m.)–cream
hun (hunain)–self, -selves
hwn (m.)–this, this one
hwyl (f.-iau)–fun, spirit; sail
hwylio–to sail
hwyr–late
hydref (m.)–autumn
hyfryd–lovely

I

i–to
iâ (m.)–ice
iach–healthy
iaith (f.ieithoedd)–language
iâr (f.ieir)–hen
iddi hi–to her
iddo fe–to him
iddyn nhw–to them
iechyd (m.)–health
ifanc–young
isel–low

J

jam (m.)–jam
jiw!–wel!

L

lan–up
lawr–down
lwcus–lucky

LL

llaeth (m.)–milk
llai–less
llais (m.lleisiau)–voice
llaw (f.dwylo)–hand
llawen–happy
llawer–many, a lot
llawn–full
llawr (m.lloriau)–floor
lle (m.llefydd)–place
llechen (f.llechi)–slate
lleiaf–smallest, least
llen (f.-ni)–curtain

llestr (m.-i)–dish
llety (m.)–lodging, B&B
lleuad (f)–moon
llifo–to flow
lliw (m.-iau)–colour
llo (m.-i)–calf
Lloegr–England
llofft (f.-ydd)–upstairs
llong (f.-au)–ship
llon–happy
llosgi–to burn
llun (m.-iau)–picture
llwy (f.-au)–spoon
llwybr (f.-au)–path
llwyd–grey
llydan–wide
llyfr (m.-au)–book
llygad (m.llygaid)–eye
llyn (m.-noedd)–lake
llynedd–last year
llys (m/f.-oedd)–court
llythyr (m.-au)–letter

M

mab (m.meibion)–son
mae–is, are, there is, there are
magu–to nurse
mam (f.-au)–mother
mamgu (f.)–grandmother
maneg (f.menyg)–glove
map (m.-iau)–map
marchnad (f.-oedd)–market
mawr–big
medd–says
medd (m.)–mead
meddw–drunk
meddwi–to get drunk
meddwl–to think
meddwyn (m.meddwon)–drunkard
meddyg (m.-on)–doctor
mefus–strawberries
mêl (m.)–honey
melyn–yellow
melys–sweet
menyn (m.)–butter
menyw (f.-od)–woman
merch (f.-ed)–girl
mil (f.-oedd)–thousand
milltir (f.-oedd)–mile
mis (m.-oedd)–month
mo–not, none of
mochyn (m.moch)–pig
modrwy (f.-on)–ring (wedding &c)
modryb (f.-edd)–aunt
modurdy (m.modurdai)–garage
mor–so (*with adj.*)
môr (m.-oedd)–sea
moron–carrots
moyn–to want
munud (m/f.-au)–minute
mwy–more
mwyaf–most
mwyn–gentle
mwynhau–to enjoy
mynd–to go
mynd â–to take
mynydd (m.-oedd)–mountain

N

nabod–to know (a person)
Nadolig (m.)–Christmas
nawr–now
neges (f.-euon)–message
neidio–to jump
neis–nice
neithiwr–last night
nesaf–next
neuadd (f.-au)–hall; **neuadd y dref**–town hall
newid–to change
newydd–new
newyddion–news
nhw–they, them
ni–us, we
ni (*before verb*)–not
niwl (m.-oedd)–mist, fog
noeth–naked
nofio–to swim
nôl–to fetch
nos (f.)–night
noson (f.nosweithiau)–evening
noswaith (f.nosweithiau)–evening
nwy (m.-on)–gas
nyrs (f.-us)–nurse

O

o–of, from
ochr (f.-au)–side
oer–cold
oergell (f.-oedd)–fridge
oeri–to cool, to get colder
oen (m.ŵyn)–lamb
oes (f.-au/-oedd)–age, period
ofnadwy–awful, terrible
offeryn (m.offer)–instrument, tool, tackle
ôl (m.-ion)–trace, remain; **yn ôl**–back(wards); **ar ôl**–after; **tu ôl**–behind
olaf–last
olew (m.)–oil
olwyn (f.-ion)–wheel
ond–but
os–if; **os gwelwch yn dda**–please
dim ots–no matter
owns (f.)–ounce

P

pa?–which?
pabell (f.pebyll)–tent
pacio–to pack
paentio–to paint
pafin (m.)–pavement
paid a...–don't...
pam?–why?
pannas–parsnips
pant (m.-au/-iau)–vale
papur (m.-au)–paper
papuro–to paper
paratoi–to prepare
parc (m.-iau)–park
parod (**yn barod**)–ready
pawb–everybody
pecyn (m.-nau)–packet
peidiwch–don't
peint (m.-iau)–pint
peiriant (m.peiriannau)–machine, engine
pêl (f.-i)–ball; **pêl-droed**–football
pell–far
pen (m.-nau)–head
pennod (f.penodau)–chapter
pentref (f.-i)–village
penwaig–herrings
persawr (m.-au)–perfume
pert–pretty
perth (f.-i)–hedge
peth (m.-au)–thing
Plaid Cymru–literally, the Party of Wales
plât (m.-iau)–plate
platfform (m.)–platform
plentyn (m.plant)–child
pobi–to bake
pobl (f.-oedd)–people
poced (m/f.-i)–pocket
poen (f.-au)–pain
poeni–to worry, to tease
poeth–hot
polyn (m.polion)–pole
pont (f.-ydd)–bridge
popeth–everything
porfa (f.porfeydd)–grass
potel (f.-i)–bottle
pregeth (f.-au)–sermon
pregethu–to preach
pregethwr (m.pregethwyr)–preacher
priodas (f.-au)–marriage
priodfab (m.)–groom
priodferch (f.)–bride
priodi–to marry

pris (m.-iau)–price
pryd?–when?
pryd o fwyd–a meal
prydferth–beautiful
prynhawn (m.-au)–afternoon
prynu–to buy
prysur–busy
punt (**f.punnoedd**)–pound (£)
pwdin (m.)–pudding
pwy?–who?
pwys (m.-i)–pound (lb)
pwysig–important
pwyso–to press, to lean, to weigh
pysgodyn (**m.pysgod**)–fish
pysgota–to fish
pythefnos (f.-au)–fortnight

R

'r–the *(after vowel)*
record (m/f.-iau)–record
rŵan–now *(North Wales)*

RH

rhad–cheap
rhaff (f.-au)–rope
rhaglen (f.-ni)–programme
rhaid–must
rhaw (**f.rhofiau**)–spade
rhedeg–to run
rhegu–to swear
rhestr (f.-au)–list
rhieni–parents
rhif (m.-au)–number
rhifo–to count
rhiw (m/f.-iau)–hill, slope
rhodd (f.-ion)–gift
rhoddi–to give
rhoi–to give
rhosyn (m.-nau)–rose
Rhufain–Rome; **Rhufeiniaid**–Romans
rhwng–between
rhy–too
rhydd–free; **Cymru Rydd!**–Free Wales!
rhyddid (m.)–freedom
rhyw–some *(adj.)*
rhyw (f.-iau)–sex
rhywbeth (m.)–something
rhywle–somewhere
rhywun (**m.rhywrai**)–someone

S

Saesneg–English language
Saeson–Englishmen
saff–safe
Sais–Englishman
sâl–ill
salw–ugly
sanau–stockings, socks
sant (**m.saint**)–saint
sebon (m.)–soap
sefyll–to stand
Seisnig–English *(adjective, not the language)*
senedd (f.-au)–parliament
seremoni (f.-au)–ceremony
sêt (f.-i)–seat
set (f.-iau)–set
sgert (f.-iau)–skirt
sgôr (m.)–score
sgorio–to score
siarad–to talk
siec (m.-iau)–cheque
sigaret–cigarette
siglo–to shake
sinema (m.-u)–cinema
siop (f.-au)–shop
siopa–to shop
sir (f.-oedd)–county, shire
siwgr (m.)–sugar
siŵr–sure
siwt (f.-iau)–suit
siwtio–to suit
soffa (f.)–sofa
stondin (f.-au)–stall
stori (f.-au)–story
storm (f.-ydd)–storm
streic (f.-iau)–strike; **ar streic**–on strike
stryd (**f.-oedd**)–street
sut?–how? what kind of? *(before nouns)*
y Swisdir–Switzerland
swllt (**m.sylltau**)–shilling
sŵn (m.-au)–noise, sound
swnllyd–noisy
swper (m.-au)–supper
swydd (f.-i)–job
swyddfa (**f.swyddfeydd**)–office; **swyddfa'r heddlu**–police station; **swyddfa'r post**–post office
sych–dry
syched (m.)–thirst; **mae syched arnaf**–I've got a thirst
sychu–to dry
symud–to move
syniad (m.-au)–idea

T

tad (m.-au)–father
tadcu (**m.tadau cu**)–grandfather
tafarn (f.-au)–pub
tai–houses
taflu–to throw
taith (**f.teithiau**)–journey
tal–tall
talu–to pay
tamaid (**m.tameidiau**)–bit, slice
tân–fire
tarw (**m.teirw**)–bull
taten (**f.tatws**)–potato
tawel–quiet
te (m.)–tea
tegell (m.-au)–kettle
tei (m.)–tie
teimlo–to feel
teisen (f.-nau/ni/nod)–cake
teithio–to travel
teledu (m.)–television
telyn (f.-nau)–harp
tenau–thin
teulu (m.-oedd)–family
tew–fat
tlawd–poor
tlws–pretty
tocyn (m.-nau)–ticket
tôn (f.-au)–tune
ton (f.-nau)–wave
torri–to cut, break
torth (f.-au)–loaf
tost–ill
tost (m.)–toast
traeth (m.-au)–beach
trafnidiaeth (f.)–traffic
traffig (m.)–traffic
trebl–treble
tref (f.-i)–town
trefnu–to arrange
trên (m.-au)–train
trist–sad
tro (m.-eon)–turn, bend; **am dro**–for a walk
troed (**m.traed**)–foot
troi–to turn
trôns–nickers, pants
tros–over
trwm–heavy
trwser (m.-i)–trouser
trwy–through
trŵyn (m.-au)–nose
trydan (m.)–electricity
tu (m.)–side; **tu ôl**–behind
twll (**m.tyllau**)–hole
tŵr (**m.tyrau**)–tower
twrci (m.-od)–turkey
twym–warm
tŷ (**m.tai**)–house
tŷ bach–toilet
tyfu–to grow
tynnu–to pull
tywel (m.-ion)–towel
tywod (m.)–sand
tywydd (m.)–weather
tywyll–dark

U

uchaf–highest
uchel–high
uffern (f.)–hell
uffernol–hellish
ugain–twenty
un–one
unig–lonely
unwaith–once
uwch–higher
uwd (m.)–porridge

W

wal (m.-ydd)–wall
weithiau–sometimes
wrth–by, near
wy (m.-au)–egg; wy wedi'i ferwi–boiled egg; wy wedi'i ffrio–fried egg
wyneb (m.-au)–face
wynwns–onions
wythnos (f.-au)–week

Y

y–the *(before consonant)*
ychydig–a little, a few
ydy–is
yfed–to drink
yfory–tomorrow
yma–here
ymlaen–forwards, on
ymolchi–to wash (oneself)
ynad (m.-on)–magistrate
ynys (f.-oedd)–island
yr–the *(before vowel)*
ysbyty (m.ysbytai)–hospital
ysgafn–light
ysgol (f.-ion)–school, ladder
ysgrifennu–to write
ysgrifenyddes (f.-au)–(female) secretary
ysgrifennydd (m.-ion)–secretary

ystafell (f.-oedd)–room;
ystafell wely–bedroom;
ystafell fwyta–dining room;
ystafell ymolchi–bathroom
yw–is

* ENGLISH–WELSH Vocabulary: see WELSH IS FUN, or better still, buy a small dictionary at your local bookshop.

SOME MORE BOOKS FROM THE SAME AMAZING FIRM. . .

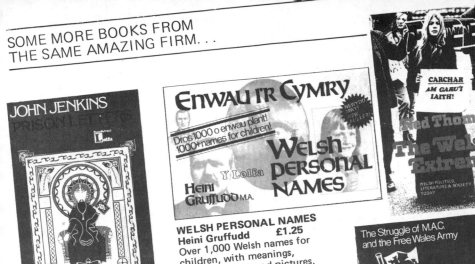

PRISON LETTERS
John Jenkins **£1.95**
The revolutionary prison letters of the "Welsh Bomber", mastermind of M.A.C., and Wales' most potent political personality.

WELSH PERSONAL NAMES
Heini Gruffudd **£1.25**
Over 1,000 Welsh names for children, with meanings, historical notes and pictures. The fullest and best researched on the market.

WELSH IS FUN **95p**
Heini Gruffudd & Elwyn Ioan
The bestselling introduction to spoken Welsh for adults.

LOOK—UP THE WELSH
Heini Gruffudd **60p**
At last a really full, modern phrasebook for visitors to Wales.

THE WELSH EXTREMIST **£1.75**
Ned Thomas
Essays on Welsh literature, politics and society today. According to one reviewer, "probably the best and most important book on what is happening in Wales that has appeared in English." 4th reprint.

TO DREAM OF FREEDOM
Roy Clews **£2.75**
The gripping, bestselling story of M.A.C. and the Free Wales Army —the men who, in the 1960s, challenged England's rule in the first Welsh armed rebellion since the days of Owain Glyndŵr.

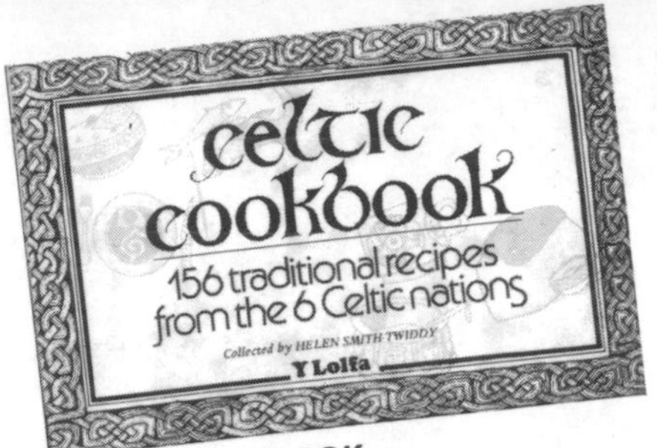

CELTIC COOKBOOK
Helen Smith-Twiddy 95p
Our bestselling collection of 156 traditional recipes from the six Celtic nations, attractively laid out.

THE SCOTTISH TRIP £1.65
Colin Palfrey
A hilarious account of the gruelling trip to Edinburgh of a minibusful of very well seasoned Welsh rugby supporters; cartoons by Elwyn Ioan.

CORNISH IS FUN 75p
Richard Gendall & Tim Saunders
A new, popular course in living Cornish, based on *Welsh is Fun.*

THE ABC OF THE WELSH REVOLUTION
Derrick Hearne £3.95
The most comprehensive programme for actual revolution ever published in Wales, comprising 55 short, highly stimulating essays on key subjects in alphabetical order.

. . .and many more! For a full list of publications, send now for our free 48-page Catalogue, sent to you by return of post:

Y Lolfa

TALYBONT, CEREDIGION SY24 5HE
ffôn Talybont (097086) 304

P.S. When ordering, remember to add 15% to cover postage.